AF451498

LETTRES

DE

GUSTAVE COURBET

A L'ARMÉE ALLEMANDE

ET

AUX ARTISTES ALLEMANDS

Lues à l'Athénée
dans la séance du 29 octobre 1870

Prix : **20** centimes

CHEZ TOUS LES LIBRAIRES
ET CHEZ L'AUTEUR
32, rue Hautefeuille
PARIS

PROLOGUE

Dans ce temps de siége, chacun devient fou ; ce sont les Allemands qui en sont cause ; pour mon compte, de peintre que j'étais, me voici littérateur. Les littérateurs sont polytechniciens, les musiciens sont artilleurs, tous les commerçants sont généraux, les généraux sont législateurs, les juges sont soldats ainsi que les médecins, et la noblesse, qui était malade, est devenue médecin à son tour.

D'autre part, on voit des femmes amazones tenir des fusils, et des curés devenus républicains ; en un mot, chacun se paye une tranche de ce qu'il ne sait pas faire; nous sommes en liberté.

Si je suis tombé dans ce guêpier, l'assemblée voudra bien m'excuser : j'ai une telle envie de tirer des coups de canon sur les Prussiens que je voudrais en acheter un (avec votre argent, bien entendu), et puisque dans ce temps-ci on est de tous les états, j'en deviendrai l'artilleur, si vous le désirez. Vous pouvez déjà voir que je ne suis pas si coupable que j'en ai l'air, et si je ne réus-

sis qu'à vous ennuyer, veuillez faire supporter les châ-
timents à mon ami Considérant, à l'instigation duquel
je suis devant vous.

En attendant le canon, mitraillons un peu les Prussiens !

A L'ARMÉE ALLEMANDE

L'hiver approche, mes pauvres gens, et vous frappez à notre porte avec de gros marteaux.

Ah ! nous vous entendons bien : vous croyez que chez nous c'est toujours fête et que nous sommes encore en 1867 ; vous avez pris goût à notre hospitalité, mais ce ne doit pas toujours être à notre tour.

Comme les assiégeants de Troie, aujourd'hui vous frapperiez pendant dix ans qu'on ne vous ouvrirait pas. En ce moment nous ne pouvons rien faire pour vous ; passez votre chemin.

Passez votre chemin ! les temps sont durs et justement nous nous mettons en ménage ; dans la prévision d'une famille, nous devons être économes, car notre fiancée n'a pas d'argent. Cette année nous ne sommes pas riches, nous n'avons pas de foin dans nos bottes et pas même pour nos chevaux.

Passez votre chemin ! vos orémus ne me touchent pas ; vous me dites que vous avez beaucoup dépensé dans votre voyage et pour vous y apprêter ; que votre maître est très-pieux ; qu'il nous promet la civilisation et même le ciel à la fin de nos jours ; nous n'y croyons pas.

Passez votre chemin! On nous a dit que vous étiez jaloux de nous, de notre pays, de notre renommée ; tant pis, car nous n'avons jamais été jaloux de vous en quoi que ce soit ; on nous a dit que, depuis quarante ans, vous vous apprêtiez à nous détruire et, qu'en ce moment, si nous ne vous donnions pas notre argent, vous détruiriez, par le feu et le carnage, nos fermes et nos maisons.

Livrez-vous à votre nature, car il est difficile d'empêcher le mal ; vous ne nous détruirez pas et c'est vous qui porterez le châtiment de vos actes en face de l'espèce humaine.

Pauvres gens ! passez votre chemin et prenez garde à vous !

Il est vrai qu'en 1848, dans un élan que vous n'avez encore jamais eu, élan de démocratie et d'humanité, nous avons donné carrière, à notre insu, à l'ignorance et à la brutalité ; à l'instant même il s'en est suivi les mœurs sauvages de la guerre, que nous avions conspuées pendant dix-huit ans, et ce sont ces mêmes mœurs qui réveillent aujourd'hui vos appétits.

Croyez-moi, vous faites fausse route! la France, revenue de cette erreur, vous fera voir qu'en aucun cas l'homme de cœur et de progrès ne peut faillir.

Croyez-moi, allez-vous-en, on se moquera de vous.

Comment! depuis quarante ans, comme des trappeurs, comme des bêtes fauves, vous avez la patience de guetter votre proie et quand vous savez qu'un scélérat, pour couvrir ses vols, s'aventure avec 250,000 hommes, vous fondez sur nous 1,300,000 hommes !

Avouez que vous avez toujours eu peur de la France et que votre courage, en ce moment, se base sur le nombre; vous avez raison, car, jusqu'ici, si nous comptions la victoire d'après le plus petit nombre de morts, je crois que nous aurions gagné.

Croyez-moi, allez-vous-en. Que Guillaume vous bénisse.

Hé bien ! Fameux stratégistes, la République n'a pas passé stérilement quarante ans de sa vie à vous en vouloir ; en quarante jours elle vous réduit à l'impuissance , en quarante jours, ce peuple, que vous avez raison d'envier, a improvisé, dans son activité, son génie, dans ses ressources, ce que vous avez fait en quarante ans.

Allez-vous-en, vous devriez avoir honte ! vous arrivez comme mars en carême; ne voyez-vous pas que votre démarche est en dehors du génie moderne ! vous mettez trop de temps dans vos conclusions, vous ne savez pas dégager l'esprit d'un temps ; votre esprit, à vous, est lourd comme votre matière.

Vous ne nous vaincrez pas, car nous nous battons maintenant sur le terrain de la propagande de l'idée et pour la civilisation, et toute cette action brutale de géant que vous déployez maintenant, en patience, en talent, en souffrance, ne sert qu'à prouver l'état de barbarie dans lequel vous avez croupi, et consolide, à votre insu, les choses que vous croyez détruire.

Loin de moi l'idée de soutenir la France dans cette guerre d'empereur et d'occupation ; je ne veux pas trop amoindrir non plus votre triomphe, mais remarquez que nos soldats se battaient à contre-cœur pour une seblable cause, vous en aviez une preuve irréfragable en main, ce qu'on n'a jamais vu dans l'humanité : c'est nos trois cent mille hommes prisonniers de guerre.

Allez-vous-en, croyez-moi, nous ne pouvons rien faire pour vous en ce moment humanitaire.

Ah! Tudesques, vous aurez beau faire, les Gaulois vous distanceront toujours ; malgré tous leurs revers, vous ne les empêcherez jamais d'attacher le grelot à la civilisation ; nous sommes plus subtils et plus rapides que vous dans nos conclusions et notre méthode de concrétion, quoique trop précipitée parfois, vous devancera toujours.

Chers amis d'outre-Rhin, j'avoue que vous m'étiez sympathiques et que j'ai rarement ri comme en Allemagne. En vrais patriarches, vos femmes sont en servitude, et chez vous on boit beaucoup de bière ; vous êtes beaux chez vous, et je ne saurais me passer de vos personnes, pas plus que des gens de Marseille ; seulement, on m'assure qu'en ce moment vous êtes fort en colére et que dans cet état vous êtes dangereux.

(C'est Tacite le premier qui l'a dit, et en 1814 nous nous en sommes aperçus. Nous vous avons appelés *têtes carrées ;* s'il en est ainsi, il ne serait pas prudent de vous recevoir. — Repassez l'an qui vient, je vous en prie.)

Vous avouerez que ce n'est pas là une vie.

Ici, nous mangeons de la vache enragée, les chevaux impropres au service, de l'âne, que sais-je ? Nous terminerons par nos rats, nos chats, nos souris ; mais nous tiendrons bon, dussions-nous devenir cannibales. Allez-

vous-en, je vous en prie, vous qui aimez tant les bottes ;
je suis sûr qu'à cette heure vous n'avez pas de souliers.
— Allez-vous-en ! Que Dieu vous bénisse !

Vous parlez de civilisation ! Je vous ai vus à l'œuvre ;
je vous ai vus ne sachant pas inviter quelqu'un à dîner ;
je vous ai vus chez vous non pas manger (sur une ta-
ble sans linge), mais engloutir de la nourriture quatre
fois par jour ; j'ai vu vos paysans ayant dans la poche
une cuiller et une fourchette dans un étui, un couteau
à chaînon, une pipe en porcelaine (semblable à un hui-
lier) à chaînon ; des florins en guise de boutons d'ha-
bits, et des bottes en sautoir avec des fers de mulet aux
talons... et un chapeau vert : puis chacun lisant la Bi-
ble en guise d'instruction.

Je ne suis pas contrariant ; mais, vrai, je crois que
vous ferez *four* au Boulevard Italien !

Croyez-moi, retournez chez vous encore un peu. —
J'irai vous voir.

Retournez dans votre pays : vos femmes et vos en-
fants vous réclament et meurent de faim. Nos paysans,
qui sont venus lutter contre vos coupables entreprises,
sont dans le même cas que vous.

En rentrant, criez : « Vive la République ! à bas les
« frontières... » Vous n'avez qu'à y gagner : vous parti-
ciperez à notre pays en frères.

AUX ARTISTES ALLEMANDS

J'ai vécu avec vous par la pensée pendant vingt-deux ans, et vous avez forcé mes sympathies et mon respect. Je vous ai trouvés tenaces à l'œuvre, pleins de prudence et de volonté, hostiles à la centralisation et à la compression de l'idée. Quant nous nous rencontrions à Francfort et à Munich, je constatai nos tendances communes. Ainsi que moi, en demandant la liberté pour l'Art, vous réclamiez aussi la liberté des peuples. Au milieu de vous, je me croyais dans mon pays, chez mes frères; nous trinquions alors à la France et à l'avènement de la République européenne; à Munich encore, l'an dernier, vous juriez par les plus terribles serments de ne point inféoder à la Prusse.

Aujourd'hui, vous êtes tous enrégimentés dans les bandes de Bismark; vous portez au front un numéro d'ordre, et vous savez saluer militairement.

Vous, dont on exaltait l'honnêteté et la loyauté, vous, les dédaigneux des intérêts mesquins, les élus de l'intelligence, on vous prendrait aujourd'hui pour des maraudeurs nocturnes, venus sans vergogne à la face du monde entier détrousser Paris.

Oui ! tracez des symboles humanitaires sur vos toiles, enfantez quotidiennement des hymnes à la fraternité, fondez en eau et en rimes ! Bismark et Guillaume travaillent à rapiécer avec des lambeaux de chair humaine le bonnet moisi de Charlemagne.

Hier, vous défendiez et vous sauviez l'Allemagne ; aujourd'hui, vous restez enrôlés dans une guerre plus infâme que les plus immondes guerres de la féodalité, et vous forgez des fers pour l'Allemagne.

Ah ! vous n'êtes même plus les bâtards des anciens serfs de la Franconie ; ceux-là, vos pères, faisaient parfois trembler leurs empereurs : ils entendaient les voix de Luther, de Jean Huss, et ils se redressaient, et ils secouaient à terre les trônes qui leur écrasaient le dos. Vous, votre Guillaume lève seulement le doigt, et vous vous couchez à plat ventre au pied de votre César prussien, le cousin de notre postiche César français.

Jusqu'au 4 septembre, les hommes de progrès n'avaient point à se soucier des querelles répugnantes de souverain à souverain ; leurs prétoriens consentaient à s'entregorger à la grande satisfaction de l'Europe ; même vous nous rendiez service jusqu'à Sedan, car tout le mal que vous nous avez fait et que vous pourrez nous faire n'égalera jamais la somme du mal que nous eût value le maintien de l'Empire et la somme du bien que vous nous avez faite en le culbutant.

Mais votre compte réglé avec le Bonaparte, qu'avez-vous à faire à la République ? Vous voulez enchaîner la Révolution ? Pauvres fous ! vous vous mettez la corde au cou.

He Lieu, c'est un Franc-Comtois, c'est un américain de France, qui vous le dis nettement. Il y a plus que félonie de votre part à poursuivre la conquête, il y a sottise et maladresse. Entassez soldats sur soldats, empilez canons sur obusiers, mitrailleuses sur mortiers, la Révolution de vous craint pas.

La République, qui ne peut concevoir de semblables batailles, qui n'a pour ressource que la volonté de son peuple, la République ne sera pas vaincue, je vous en donne ma parole. Pillez, brûlez, tuez ; vous n'arriverez qu'à faire de la France au plus qu'un peuple martyr. Vous substituerez un fétichisme à un autre fétichisme : le mythe d'une nation divinisée à la fable d'un homme Dieu, voilà tout.

Résumons-nous.

Allemands de tous noms, vous les sacrifiés, les soldats du Prussien qui se ménage, Bavarois, Wurtembergeois, Badois, vous, nos vainqueurs jusqu'au 4 septembre, je vais vous indiquer votre tâche à cette heure.

On vous dit besogneux, tant mieux ; en France, la pauvreté est un brevet d'honnêteté ; les riches seuls ont le moyen de voler ; nous pouvons donc nous entendre. Vous avez traîné avec vous vos reliques, vos antiquailles ; tous les chariots de vos ancêtres, les Cimbres et les Teutons, et le fameux tombereau de combat d'Arminius. Comme de juste, vous ne voulez point les ramener vides chez vous, quand vous repasserez le Rhin.

Il vous faut une indemnité ; soit, prenez-la. Chargez

sur vos voitures les pierres des murailles de **Toul** et de **Strasbourg**, nous vous les abandonnons; vous pourrez les écouler avantageusement dans vos pays, sous forme de souvenirs héroïques. Faites mieux : en passant, jetez à bas vos citadelles; si le cœur vous en dit, nous vous donnerons un coup de main, renversant ensemble ces bornes sanglantes qui marquaient les frontières et coupaient en deux des groupes de peuples issus du même sang.

Quand les frontières auront disparu, plus ne sera besoin de forteresses pour les garder. Plus de forteresses, partant plus d'armées. Plus d'armées! Les assassins seuls tueront; du moins, nous l'espérons.

Tenez-vous à votre nationalité? Une fois que vous serez libérés, on vous aidera pour peu que vous parliez. Dans ce cas seulement, vous constituerez l'Alsace et la Lorraine en contrées neutres et libres comme gages de notre alliance, où se réfugieront tous ceux qui ont l'horreur du chauvinisme national et qui souhaitent la vie sans entraves politiques, et dans ces provinces mutilées, crucifiées, oublieux des plaies qui saignent à notre flanc, nous vous serrerons encore la main, et nous boirons : aux états-unis d'Europe!

Salut et fraternité.

Une idée.

Tenez : laissez-nous vos canons Krupp, nous les fondrons avec les nôtres ensemble; le dernier canon, gueule en l'air, coiffé du bonnet phrygien, planté sur un piédestal acculé sur trois boulets, et ce monument colossal, que nous érigerons ensemble sur la place Vendôme, sera votre colonne, à vous et à nous, la colonne des peuples, la colonne de l'Allemagne et de la France à jamais fédérées.

La déesse de notre liberté, comme autrefois Vénus couronnait le dieu Mars, suspendra aux tourillons qu'il porte à ses flancs comme des bras, des guirlandes de grappes, d'épis et de fleurs de houblons.

G. COURBET,
Rue Hautefeuille, n° 32.

Paris. — Typ. Gaittet, rue du Jardinet, 1